BEI GRIN MACHT SICH IHR WISSEN BEZAHLT

AF144500

- Wir veröffentlichen Ihre Hausarbeit, Bachelor- und Masterarbeit

- Ihr eigenes eBook und Buch - weltweit in allen wichtigen Shops

- Verdienen Sie an jedem Verkauf

Jetzt bei www.GRIN.com hochladen und kostenlos publizieren

Sebastian Birk

Bodenversauerung und deren Auswirkung auf Wurzelsystem und Mykorrhiza

GRIN Verlag

Bibliografische Information der Deutschen Nationalbibliothek:

Die Deutsche Bibliothek verzeichnet diese Publikation in der Deutschen National-bibliografie; detaillierte bibliografische Daten sind im Internet über http://dnb.d-nb.de/ abrufbar.

Dieses Werk sowie alle darin enthaltenen einzelnen Beiträge und Abbildungen sind urheberrechtlich geschützt. Jede Verwertung, die nicht ausdrücklich vom Urheberrechtsschutz zugelassen ist, bedarf der vorherigen Zustimmung des Verlages. Das gilt insbesondere für Vervielfältigungen, Bearbeitungen, Übersetzungen, Mikroverfilmungen, Auswertungen durch Datenbanken und für die Einspeicherung und Verarbeitung in elektronische Systeme. Alle Rechte, auch die des auszugsweisen Nachdrucks, der fotomechanischen Wiedergabe (einschließlich Mikrokopie) sowie der Auswertung durch Datenbanken oder ähnliche Einrichtungen, vorbehalten.

Impressum:

Copyright © 2000 GRIN Verlag GmbH
Druck und Bindung: Books on Demand GmbH, Norderstedt Germany
ISBN: 978-3-640-87154-4

Dieses Buch bei GRIN:

http://www.grin.com/de/e-book/109031/bodenversauerung-und-deren-auswirkung-auf-wurzelsystem-und-mykorrhiza

GRIN - Your knowledge has value

Der GRIN Verlag publiziert seit 1998 wissenschaftliche Arbeiten von Studenten, Hochschullehrern und anderen Akademikern als eBook und gedrucktes Buch. Die Verlagswebsite www.grin.com ist die ideale Plattform zur Veröffentlichung von Hausarbeiten, Abschlussarbeiten, wissenschaftlichen Aufsätzen, Dissertationen und Fachbüchern.

Besuchen Sie uns im Internet:

http://www.grin.com/

http://www.facebook.com/grincom

http://www.twitter.com/grin_com

Bodenversauerung und deren Auswirkung auf Wurzelsystem und Mykorrhiza

Sebastian Birk

Studienarbeit
Universität Duisburg-Essen, Campus Essen
Juli 2000

Inhalt

1 Einleitung

Die Geschichte der öffentlichen Diskussion über die ‚neuartigen Waldschäden' liest sich als eine weniger von Rationalität und plausibler Argumentation als von Emotionen und politischem Kalkül gesteuerte Entwicklung. Beginnend mit einer im November 1981 erscheinenden Ausgabe des ‚Spiegel' (*Abb. 1*) wird ein kommunikativer Prozess ausgelöst, der aufgrund der scheinbar breiten Relevanz seines Inhalts quer durch die Gesellschaft verläuft. Hauptsächlich getragen wird die Meinungsbildung von den Massenmedien, die die Aussagen der Naturwissenschaft zitieren oder Beiträge verschiedener Forscher veröffentlichen.

Abb. 1: Titelbild des „Spiegel" vom 16. November 1981 (aus Zierhofer 1999)

Zierhofer (1999) sieht im Ablauf der Diskussion, die er rückblickend in verschiedene Phasen einteilt (von Latenzphase über Durchbruchsphase hin zu Erosions- und Dekonstruktionsphase), ein Beispiel für die Dynamik der Auseinandersetzung mit Umweltproblemen in der modernen Mediengesellschaft. Nach dem Konzept der Kommunikativen Vernunft (Habermas nach Zierhofer 1999) soll in Fragen des Zusammenlebens allen Menschen im Prinzip dieselbe Möglichkeit der Mitbestimmung eingeräumt werden, damit ihr Zusammenleben weder durch Macht, noch durch Tradition regiert wird, sondern durch Übereinkunft aufgrund der Einsicht in gut und besser begründete Auffassungen. In diesem Zusammenhang haben die Wissenschaften eine gesellschaftspolitische Rolle zu erfüllen: Da sie Ursprung von Erkenntnissen über die Natur und den menschlichen Einfluss auf diese bilden, seien sie ob der Schaffung einer rationalen Diskussionsgrundlage verpflichtet, sich in ihrer Forschung nicht von Gefühl oder Gesinnung zu Ansichten leiten zu lassen, sondern wissenschaftsintern kritisch hinterfragte und gut begründete Aussagen der externen Öffentlichkeit mit ihren politischen Entscheidungsträgern zu präsentieren.

In der Waldschadens-Kontroverse scheint diesem Ideal nicht entsprochen worden zu sein. „Mit markanten Aussagen und viel guter Absicht haben Wissenschaftler die externe Öffentlichkeit dazu benutzt, den Boden für eine wirkungsvolle Politik der Luftreinhaltung und der Waldpflege zu bereiten"[1], basierend auf einem mangelhaften Erkenntnisstand, der zu vorsichtigerem Argumentieren hätte mahnen müssen.

Mit weiteren Jahren der wissenschaftlichen Auseinandersetzung stellte sich der Problemkreis zunehmend in seiner multikausalen Komplexität dar. Verschiedenste Fachgebiete lieferten Antworten, die als Teil der Erklärung der beobachtbaren Phänomene des ‚Waldsterbens' Geltung bekamen.

Vorliegende Arbeit fokussiert die Rolle der Bodenversauerung und deren Auswirkung auf Wurzelsystem und Mykorrhiza des Bestandes innerhalb der vielschichtigen Thematik. Wurzelsystem und die bei vielen Waldbäumen obligate Mykorrhiza stellen einen sensitiven Indikator für die Vitalität der Pflanze dar. Hier vereinigen sich zwei Schadwege, die über die Atmosphäre mit Eindringen sowohl ins Blatt als auch in den Boden ihren Anfang nehmen. Veränderungen an der Rhizosphäre scheinen Blattnekrosen oder Kronenverlichtung als offensichtliche Schadzeiger um Jahre voraus zu gehen (Ulrich 1986). Es besteht allein das Problem der erschwerten Aufnahme dieses Parameters, der oft in der Tiefe des Erdreichs verborgen bleibt.

Im Folgenden sollen Ursachen und Wirkungen der Bodenversauerung skizziert und die Bedeutung der Mykorrhiza für Wald und Forst erläutert werden. Der letzte, zusammenfassende Abschnitt gibt Kausalzusammenhänge wieder, deren Aufklärung einen wichtigen Beitrag zur Interpretation der Auswirkungen nicht nur der Bodenversauerung beisteuerte.

---

[1] Zierhofer (1999), S. 16

2   Bodenversauerung – Ursachen und Wirkungen

Wald und Forst sind vor allem durch die Atmosphäre transportierten Schadstoffen ausgesetzt. Diese belasten den Bestand in Form von trockenen oder nassen Depositionen, die sich entweder direkt auf der Pflanze niederschlagen oder in den Boden gelangen, um vom Wurzelwerk aufgenommen zu werden oder über Veränderung der Bodenchemie zusätzlichen Stress auszulösen. Im Wasser gelöste und dissoziierte Stickoxide oder Schwefeldioxid aus anthropogenen Verbrennungsprozessen führen im Boden zu Nährstoffauswaschung und pH-Wert-Erniedrigung. Hohe H^+-Konzentration vermag Nähr-Kationen von den pedogenen Austauschern Ton und Humus zu verdrängen, so dass diese mit dem Sickerwasser abgeführt werden. Dabei handelt es sich um Vorgänge, die auch unter natürlichen Bedingungen ohne Einfluss des Menschen ablaufen. Das kühl-humide Klima mit positiver Wasserbilanz sowie die natürliche Säure des Regenwassers (pH 5,7 durch die Wirkung der Kohlensäure) bedingen eine Bodenentwicklung, die sich an vielen Standorten über Braunerde zu Podsol vollzieht. Dazu tragen neben oben erwähnter Klimacharakteristik und natürlicher Regenacidität die CO_2-Ausscheidungen der Bodenorganismen bei. Auch die im Austausch mit Kationen an die Bodenlösung abgegebenen Wasserstoffprotonen der Pflanzenwurzeln vermögen das Bodenmilieu an Basen zu verarmen und anzusäuern. Der aufliegende Bestandsabfall führt einen Teil der Nährelemente wieder zurück in den Boden, produziert aber auch Huminsäuren, die ihrerseits in den Boden infiltrieren, H^+ freisetzen und unter Komplexbildung Eisen, Mangan und Aluminium verlagern (Podsolierung). All dies läuft ab über Jahrhunderte und stellt sozusagen eine schleichende Bodendegradation dar. Doch mit Auftreten von Schwerindustrie und gehobenen Lebensansprüchen lassen sich Bodenversauerung und Nährstoffauswaschung im Zeitraum eines Menschenlebens studieren, was für die Analyse der Problematik durchaus zuträglich ist, im Zusammenhang mit dem Phänomen der neuartigen Waldschäden jedoch eher Besorgnis erregt.

Säureeintrag und die damit verbundene Verarmung an pflanzenverfügbaren Nährionen im Substrat wirkt innerhalb der komplexen Thematik des Baumsterbens als prädisponierender Faktor. Er führt gewöhnlich zur Schwächung des Bestandes und macht als permanenter Stressor den Baum anfällig gegenüber akuter Belastung. Doch gerade das in den höheren Mittelgebirgslagen zu beobachtende „sub-top-dying" bei Fichten (*Abb. 2*), deren ältere Blätter nach chlorotischen und nekrotischen Veränderungen abgeworfen werden, während die jüngeren Nadeln an der Baumspitze keine Symptome aufweisen, geht direkt auf Magnesium-Unterversorgung durch Mangel in der Pedosphäre zurück. In dem Fall stellen die Folgen der Bodenversauerung den auslösenden Faktor dar – durch den Düngeeffekt der Stickstoffimmissionen wächst die Fichte in diesen Mangel hinein.

Abb. 2: „sub-top-dying" bei *Picea spec.* - hervorgerufen durch Magnesium-Mangel (Quelle: Hartmann 1988)

Die in den Anfängen der Erforschung der Ursachen der neuartigen Waldschäden oft bemühte These, das Sterben der Bäume stehe in keinem Zusammenhang mit dem Substrat, da sich trotz unterschiedlicher Bodentypen ein einheitliches Bild von Krankheit und Tod bietet, muss nach Ulrich (1986) verworfen werden. Eine 1985 durchgeführte Erhebungsuntersuchung im nordrhein-westfälischen Mittelgebirgsraum und im pleistozän geprägten Norddeutschland ergab, so der Autor, dass die sauren Depositionen eine Differenzierung des chemischen Bodentyps nach dessen Ausgangsgestein weitgehend aufgehoben haben. Es ließ sich also schon vor 15 Jahren eine weiträumige Egalisierung des Zustandsform ökosystemarer Komponenten verzeichnen – eine Entwicklung, die sich heute im Zusammenhang mit NH_3- und NO_x-Emissionen und dem Verschwinden von mageren Standorten mit ihrer konkurrenzschwachen Flora fortsetzt.

3   Wurzelsystem und Mykorrhiza

Die Wurzel der Pflanze übernimmt essentielle Funktionen für den gesamten Organismus. Neben der mechanischen Verankerung im Boden, die für das Kraut von Bedeutung ist, mehr jedoch noch für den Baum, der ein Vielfaches an Größe erreicht und viele Jahre lebt, gewährleistet sie die Aufnahme von Wasser und Nährsalzen in den Pflanzenkörper. Im Verlauf der Erdgeschichte entwickelte sich eine morphologisch unterschiedliche Lebensgemeinschaft aus Pflanze und Pilz, die eine Optimierung der Erfüllung der Aufgaben der Wurzel darstellte[2]. Sah man noch vor einigen Jahren in dieser Lebensgemeinschaft, der Mykorrhiza, eine Spezialisierung, die nur innerhalb bestimmter Familien auftritt, so hat man heute Probleme, überhaupt Pflanzenarten ohne Pilz-Partner zu finden.

3.1   Grundlagen zur Wurzel-Pilz-Symbiose

Die größte Verbreitung im Pflanzenreich weist die sogenannte *vesiculäre-arbusculäre (VA-) Mykorrhiza* auf. Die baumartige Verzweigung der Hyphen mit verdicken Abschnitten innerhalb der Wurzelrindenzellen ist namensgebend für diese Symbiose, deren Phytobiont Kulturpflanzen wie Getreide, Tee oder Kaffee sind. In der Ordnung der Ericales tritt die *Ekt-endo-Mykorrhiza* auf. Neben interzellulärem Wachstum treibt der Pilz seine Hyphen in die Wurzelrindenzellen und vermag den Pflanzen Stickstoff- und Phosphor-arme Standorte (Heide) zu erschließen. Die *Endomykorrhiza* zeichnet sich durch ein ausschließlich intrazelluläres Hyphengeflecht aus und ist vor allem durch Beobachtungen an Orchideen bekannt. Deren staubfeine Samen benötigen zum Keimen einen „Ammenpilz", der die Pflanze dann teilweise über Jahre hinweg bis zur Blüte begleitet.

Der vierte Typus von Wurzel-Pilz-Symbiose ist die *Ektomykorrhiza*, die im Kontext der Waldschadensproblematik von größter Bedeutung ist. Nur etwa 3% der Spermatophyten weisen eine Ektomykorrhiza auf, doch zählen zu diesem Anteil fast ausschließlich die Waldbäume. Die Gattungen *Abies*, *Fagus*, *Picea*, *Pinus* und *Quercus* sind obligat auf den Pilz angewiesen, während *Acer pseudoplatanus*, *Betula pendula*, *Populus tremula*, *Robinia pseudoacacia*, *Sorbus aucuparia* und die Arten der Gattungen *Alnus* und *Salix* nicht zwingend eine Symbiose eingehen müssen, was ihnen Pioniereigenschaften bei der Besiedlung von ruderalen Standorten verleiht.

Abb. 3 zeigt in zwei elektronenmikroskopischen Aufnahmen den Habitus einer Ektomykorrhiza an Tannenwurzeln. Ein dichter Mantel aus Pilzhyphen umschließt die Seitenwurzeln zweiter und dritter Ordnung. Dabei werden meristematisches Wurzelgewebe

---

[2] Erste Symbiosen dieser Art lassen sich anhand fossiler Überlieferungen ins Silur bzw. Devon zurückdatieren (Strasburger 1991), traten also schon bald nach der Landnahme der Pflanzen auf.

oder Endodermis nicht verletzt. Die Wurzel ist in Funktion und Wachstum nicht behindert, doch bildet sie die für die Aufnahme von Wasser und Nährsalzen wichtigen Wurzelhaare nicht mehr aus. Zwischen Boden und Pflanze vermittelt der Pilz, der seine Zellen sowohl in Interzellularraum des Wurzelkörpers als auch in Poren des Substrats treibt. In *Abb. 4* ist der Querschnitt durch eine mykorrhizierte Douglasien-Wurzel (*Pseudotsuga menziesii*) dargestellt, der die klare Trennung von Phytosphäre und Pedosphäre durch *Rhizopogon vinicolor* verdeutlicht. Die Markierungen an den konzentrischen Ringen unterschiedlicher optischer Dichte verweisen auf das *Hartig'sche Netz* der Hyphen zwischen den Rindenzellen (`Pfeil`) und den Mantel um die Rhizodermis (`,m'`).

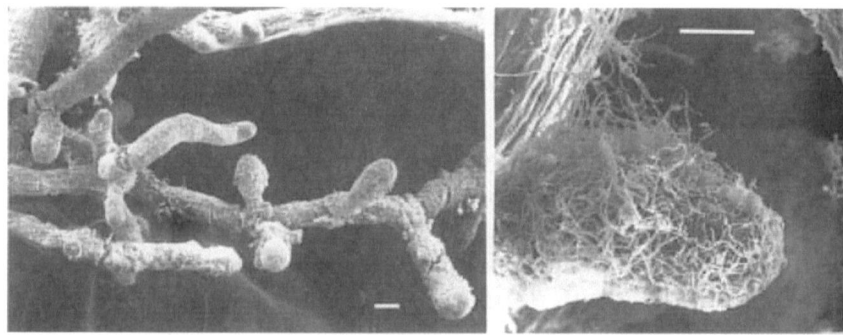

Abb. 3: Ektomykorrhiza an Tannenwurzeln. Balken jeweils 100µm (Quelle: Strasburger 1991)

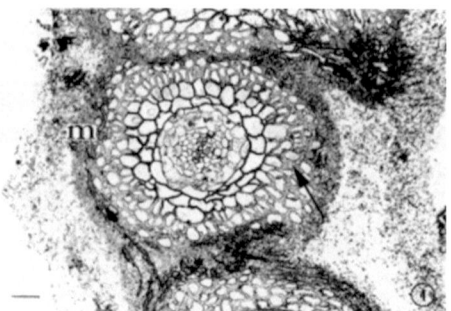

Abb. 4: Ektomykorrhiza von *Rhizopogon vinicolor – Pseudotsuga menziesii* (Quelle: Cairney 1999)

Die Frage nach dem Zweck dieser Verbindung, welche die Pflanze unter Verlust eines Teils ihrer Autonomie einzugehen scheint (Abgabe von Assimilaten an den Pilz, Einschränkung der Möglichkeit der eigenständigen Aufnahme von Nährelementen aus dem Boden), lässt eine Vielzahl von Antworten zu, die klar die Vorteile gegenüber nicht-mykorrhizierten Konkurrenten herausstellen. So ist primär eine verbesserte Aufnahme von Wasser und Nährstoffen gewährleistet. Ferner ist es aufgrund einer ernährungsphysiologischen Besonderheit dem Mykobionten ermöglicht, der Pflanze Stickstoff oder Phosphor aus gebundener Quelle darzubieten. Da dieser Nahrung nur in gelöster Form aufnehmen kann (Osmotrophie), wird festes Substrat mit Hilfe von Exoenzymen verfügbar gemacht. Um jede Hyphe entsteht eine Art ‚Nahrungsbrei', der durch die Abgabe von Antibiotika vor fremdem Zugriff geschützt werden kann. Der Humuskörper saurer Böden mit geringer mikrobiologischer Aktivität kann so vom Wurzelpilz aktiv erschlossen werden.

Neben eingeschränkter biologischer Tätigkeit ist in saurem Milieu die Mobilität von Schwermetallen erhöht. Die Mykorrhiza mindert den toxischen Einfluss dieser Elemente auf die Pflanze, indem sie als Puffer fungiert, der die Ionen in Komplexen bindet und deponiert. Auch phytopathogenen Pilzen wird ein Angriffspunkt versagt, da am gesunden Wurzelwerk die ‚Nischen' durch Symbiosepartner besetzt sind. Die Wurzelverzweigung wird direkt durch Auxin-Einwirkung stimuliert, wodurch im Untergrund eine größtmögliche resorbierende Oberfläche geschaffen wird.

In einem Bestand können Mykorrhiza-Pilze nicht nur zu mehreren innerhalb verschiedener Sukzessionsstadien mit den Wurzeln eines Baumes zusammenleben, sondern sie bilden ein weiträumiges Geflecht, durch das die pflanzlichen Individuen des Waldes miteinander vernetzt sind[3]. Die Bedeutung dieses Umstandes in Hinblick auf kommunikative Vorgänge (Super-Organismus-Theorie) ist heute nicht einmal annähernd geklärt.

3.2 Auswirkungen auf Wurzelsystem und Mykorrhiza

Verschiedene Faktoren können sowohl auf die Ausbildung des Wurzelwerks als auch die Vitalität der Mykorrhiza eines Baumes einwirken. Hier sollen drei zentrale pedogene Ursache-Wirkungs-Komplexe herausgehoben werden, die maßgeblichen Einfluss auf den Gesundheitszustand des Bestandes ausüben.

1. Anthropogener Stickstoffeintrag

Stickstoffmangel sowie Stickstoffüberschuss im Boden beeinträchtigen das Wachstum und die Entwicklung des Wurzelpilzes. Durch die Immissionen von Stickoxiden aus den Verbrennungskammern oder Ammonium aus der Viehhaltung sinkt die Mykorrhiza-Häufigkeit der Waldbäume. Folgen davon sind die Abnahme der Wurzelverzweigung und – spitzenzahlen aufgrund reduzierter Einwirkung von mykogenen Auxinen. Der Baum reagiert

---

[3] Zum Beispiel schmarotzt der Fichtenspargel (*Monotropa spec.*) nicht an der Wurzel, sondern am Wurzelpilz.

mit Ausbildung von Langwurzeln, um Horizonte geringerer Belastung zu erschließen. Innerhalb dieser Langwurzeln ist höhere Atmungsaktivität zu verzeichnen (s.u.).

2. Forstlicher Rückeverkehr

Schwere Maschinen der Forstwirtschaft bedingen zunehmende Bodenverdichtung. Die Nährstoff-Aufnahme über die Wurzeln ist eingeschränkt, da die Grobporenfrequenz mit leicht verfügbarer Lösung verringert wird. Ferner wird dem Baum das Wachstum seiner Wurzeln durch den Boden erschwert. Unter vergrößertem Energieaufwand und erhöhter mechanischer Belastung vermag er dies noch zu bewerkstelligen.

Bodenverdichtung, Langwurzel-Ausbildung und Rohhumus-Auflage führen zu dem Problem der Sauerstoff-Unterversorgung des Wurzelgewebes. Der Baum reagiert auf diesen Stress mit Produktion des gasförmigen Phytohormons Ethylen[4]. Abb. 5 stellt die Folgen einer Ethylen-Einwirkung auf das Wurzelsystem anhand einer lichtmikroskopischen Aufnahme eines Zentralzylinders von Picea spec. dar. Die Formation der dunklen, stark stärkehaltigen Zellen weist große Interzellularräume, sogenannte Lakunen, auf, in denen sich die Hyphen pathogener Pilze ausgebreitet haben. Auf makroskopischer Ebene zeigt sich O_2-Mangel in Form von Abschilferung von Kortex-Streifen oder Auflösung ganzer Zellkomplexe.

3. Bodenversauerung

Zunehmende Versauerung des Substrats, auf dem ein Bestand stockt, führt neben Prozessen der Podsolierung und Rohhumus-Bildung mit oben beschriebenen Folgen auch zu einem Konzentrationsanstieg von ionarem Aluminium, das sowohl für Wurzel als auch Mykorrhiza direkt toxisch ist, aber auch als Antagonist die Aufnahme von Kationen wie Ca^{2+} oder Mg^{2+} erschwert. Die Darstellung des bei pH-Werten unter 5 wirksam werdenden Aluminium-Puffer-Systems erklärt die Al^{3+}-Freisetzung in saurem Milieu:

$$Al(OH)_3 + H^+ \leftrightarrow Al(OH)_2^+ + H_2O$$
$$Al(OH)_2^+ + H^+ \leftrightarrow Al(OH)^{2+} + H_2O$$
$$Al(OH)^{2+} + H^+ \leftrightarrow Al^{3+} + H_2O$$

Ergänzend wirkt die Auflösung von Tonmineralen bei sehr niedrigen pH-Werten.

Die drei hier vorgestellten Kausalketten erzeugen das typische Bild von Wurzelwachstum, das bei solcherart belasteten Beständen durchgängig zu beobachten ist: Lebende Wurzeln befinden sich in Form eines Wurzeltellers in den ersten paar Dezimetern der Pedosphäre. Tiefe Horizonte können aufgrund der Aluminium- und Wasserstoffprotonenkonzentration, des

---

[4] $H_2C=CH_2$

Sauerstoffmangels, des Nährstoffmangels und des Bodenverdichtungsgrads nicht gehalten werden. Die Wurzeln sterben dort ab. Im Podsol stellt der oft mächtige Auflagehorizont den einzigen Lieferanten für Nährelemente dar, weshalb der Baum verstärkt ein Netz von Feinwurzeln in diesem Bereich ausbildet. Die Folgen dieser Entwicklung werden gerade bei extremen Witterungen ersichtlich: Starke Winde werfen die Flachwurzler reihenweise um. Mit absinkendem Grundwasserstand während Perioden geringer Niederschläge werden die Pflanzen von der Wasserversorgung abgetrennt.

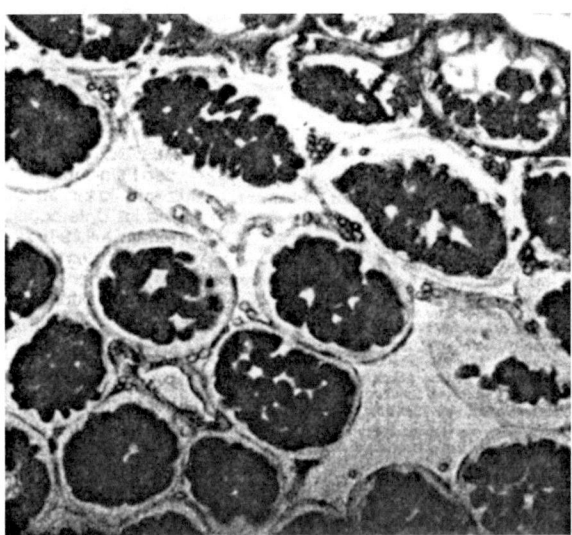

Abb. 5: Zentralzylinder Fichtenwurzel: Lakunen-Bildung durch Ethylen-Einwirkung; Eindringen pathogener Pilze (Quelle: Meyer 1987)

4 Literatur

Blaschke, H. (1986): Vergleichende Untersuchungen über die Entwicklung mykorrhizierter Feinwurzeln von Fichten in Waldschadensgebieten. In: Forstwissenschaftliches Centralblatt 105. Berlin (Parey). S. 477-487.

Cairney, J.W.G.; Chambers, S.M. (Hrsg.) (1999): Ectomycorrhizal Fungi. Key Genera in Profile. Berlin, Heidelberg (Springer).

Ellenberg, Heinz (1996): Vegetation Mitteleuropas mit den Alpen in ökologischer, dynamischer und historischer Sicht. Stuttgart (Ulmer).

Forschungsbeirat Waldschäden/Luftverunreinigungen (Hrsg.) (1989): Dritter Bericht.

Hartmann, G.; Nienhaus, F.; Butin, H. (1988): Farbatlas Waldschäden. Diagnose von Baumkrankheiten. Stuttgart (Ulmer).

Kottke, I.; Qian, X.M.; Pritsch, K.; Haug, I.; Oberwinkler, F. (1998): Xerocomus badius – Picea abies, an ectomycorrhiza of high activity and element storage capacity in acidic soil. In: Mycorrhiza 7. Heidelberg (Springer). S. 267-275.

Meyer, Franz H. (1987): Das Wurzelsystem geschädigter Waldbestände. In: Allgemeine Forstzeitschrift (AFZ) 27/28/29. München (BLV). S. 754-757.

Mohr, Hans (1994): Stickstoffeintrag als Ursache neuartiger Waldschäden. In: Spektrum der Wissenschaft. Weinheim (Spektrum-der-Wissenschaft). S. 48-53.

Nultsch, Wilhelm (1991): Allgemeine Botanik. Kurzes Lehrbuch für Mediziner und Naturwissenschaftler. Stuttgart, New York (Thieme).

Strasburger, E. (Begr.); Sitte, P.; Ziegler, H.; Ehrendorfer, F.; Bresinsky, A. (Bearb.) (1991): Lehrbuch der Botanik für Hochschulen. Stuttgart, Jena, New York (Fischer).

Ulrich, Bernhard (1986): Die Rolle der Bodenversauerung beim Waldsterben: Langfristige Konsequenzen und forstliche Möglichkeiten. In: Forstwissenschaftliches Centralblatt 105. Berlin (Parey). S. 421-435.

Ulrich, Bernhard (1988): Bodenkundliche Forschung in Zusammenhang mit den neuartigen Waldschäden. In: Allgemeine Forstzeitschrift (AFZ) 43. München (BLV). S. 1171-1173.

Van Duin, W.E.; Griffioen, W.A.J.; Ietswaart, J.H. (1991): Occurrence and function of mycorrhiza in enviromentally stressed soils. In: Ecological responses to environmental stresses. Hrsg. von J. Rozema und J.A.C. Verkleij. Dordrecht (Kluwer Academic Publishers). S. 114-123.

Veerhoff, M.; Roscher, S.; Brümmer, G.W. (1996): Ausmaß und ökologische Gefahren der Versauerung von Böden unter Wald. Forschungsbericht 107 02 004/14. Hrsg. vom Umweltbundesamt. Berlin (Erich Schmidt).

Zierhofer, Wolfgang (1999): Die Ruhe nach dem Sturm. Eine Evaluation der Verarbeitung des Waldsterbens in der Forschung und in den Massenmedien der Schweiz. In: Gaia. Ecological Perspectives in Science, Humanities and Economics. Baden-Baden (Nomos). S. 8-18.

Zöttl, H.W. (1985a): Rolle des Bodens bei der Entwicklung der Waldschäden. In: LIS-Berichte 57 - Forschungsergebnisse zur Problematik der neuartigen Waldschäden. Hrsg. von der Landesanstalt für Immissionsschutz NRW. Essen. S. 73-78.

Zöttl, H.W. (1985b): Die Rolle der Nährelementversorgung bei der Entwicklung „neuartiger" Waldschäden. VDI-Berichte 560 - Waldschäden. Einflußfaktoren und ihre Bewertung. Düsseldorf (VDI). S. 887-896.